Gott versagt nie!

Aussprüche von J. Hudson Taylor

Gesammelt von
M. Wolterstorff
u. a.

Zum 20. Jan. 1983
H. F.

Verlag der
St.-Johannis-Druckerei
C. Schweickhardt
Lahr-Dinglingen
Nr. 468

ISBN 3 501 00468 0

25. Auflage · 128.–132. Tausend
Gesamtherstellung:
St.-Johannis-Druckerei C. Schweickhardt
7630 Lahr-Dinglingen
Printed in Germany · 7560/1980

Zum Geleit

Am 21. Mai 1832 wurde Hudson Taylor, der Gründer der China-Inland-Mission, in einer kleinen Bergwerkstadt in England geboren. Durch die Gebete seiner frommen Mutter zu Gott geführt, wählte er Gottes Wort als die einzige Richtschnur seines Lebens. Unerschütterlich vertraute er seinem Gott, und keine Not, keine Schwierigkeit hat dies Vertrauen zu seinem himmlischen Vater wankend machen können. »Gott zuerst« und »alles allein von ihm erwarten« war die Grundrichtung für all sein Tun; darum hat sich Gott zu ihm bekannt und ihn anderen zum Segen gesetzt.

Im 18. Lebensjahr fühlte er sich berufen, seinem Herrn als Missionar in China zu dienen. Am 19. September 1853 ver-

ließ er England zum erstenmal, um nach China zu reisen. In seinem Tagebuch hatte er geschrieben: »Gott allein ist meine Hoffnung; eine andere brauche ich nicht.«

Unter großen Schwierigkeiten und Gefahren hat Hudson Taylor seine Missionsarbeit angefangen; er durfte es erleben, daß sie unter Gottes Segen gedieh und sich mächtig ausbreitete. Vierzig Jahre lang hatte er für die fremdenfeindliche Provinz Hunan gebetet, und nachdem sich im Jahr 1898 die verschlossenen Türen auftaten, erbat er sich von Gott die Erlaubnis, das Land, das er ihm schon im Glauben gegeben hatte, zu besuchen. Dort ist er von seinem Herrn, den er über alles liebte, am 3. Juni 1905 heimgerufen und von chinesischen Christen zur letzten Ruhe gebettet worden.

Hebräer 6, 12

*Wir mögen versagen, wir versagen
ja tatsächlich fortwährend;
aber Gott versagt nie!*

*

Wir brauchen einen Glauben, der in Gott gewurzelt ist und der von ihm erwartet, daß er sein Wort hält und alles tut, was er verheißen hat.

*

*Nicht großen Glauben brauchen wir,
sondern Glauben an einen
großen Gott.*

Wenn ich einen allmächtigen Vater habe, warum soll ich dann ohnmächtige Menschen bitten?

*

Vom Herrn abhängig sein! Er leitet und sorgt in zeitlichen wie in ewigen Dingen, solange wir ihm vertrauen. Während der Unglaube nur Schwierigkeiten sieht, schaut der Glaube auf den Herrn.

*

In großen wie in kleinen Dingen erhört Gott das Gebet derer, die ihr Vertrauen auf ihn setzen.

Was wir um Christi willen aufgeben, ist unser Gewinn; was wir zurückbehalten, ist in Wirklichkeit Verlust.

*

Wir hängen viel zu viel an Dingen, die sichtbar und zeitlich sind, und viel zu wenig an denen, die unsichtbar und ewig sind.

*

Was ist und tut Gott alles im Leben derer, die ihm rückhaltlos vertrauen!

Gott meint wirklich, was er sagt, wenn er uns seine Verheißungen gibt.

*

Ich habe vierzig Jahre lang die Heilige Schrift erprobt, und mein Glaube ist heute stärker als vor vierzig Jahren. Alle ihre Verheißungen sind zuverlässig und wahr.

*

Es gibt nichts Großes und nichts Kleines. Nur Gott ist groß, und wir sollten ihm völlig vertrauen.

Wir werden von Gott geführt, auch wenn wir nichts davon merken.

*

Unser Vater ist es, der alles anordnet. Wir haben es mit ihm zu tun und nur mit ihm. Hierin liegt unsre Kraft, geduldig und beharrlich zu handeln und zu leiden. Aus seinen Händen können wir Rückschläge, Kummer, Enttäuschungen annehmen, die wir gegenseitig nur mit Bitterkeit annehmen würden. Und Freuden, die er gibt, sind doppelte Freuden.

Wer glaubt, hastet nicht.

*

Wollen wir uns nicht davor hüten, ungeduldig die Dinge in unsre eigene Hand zu nehmen? Wenn wir wirklich Gottes harren, so sind die Hindernisse, die er nicht wegnimmt, Bewahrungsmittel in seiner Hand, die uns vor falschem Weg behüten und in uns die Seelenverfassung wirken, die nötig ist, ehe er sein Bestes geben kann.

Es gibt keinen sichereren, direkteren Weg, geistlichen Segen weiterzugeben, als durch die eigene Persönlichkeit, das Beispiel, das Vorbild.

*

Predigen allein genügt nicht. Unser Leben muß sichtbare Selbstaufopferung sein. Wir sagen den Menschen, daß die Welt eitel ist; unser Leben muß das beweisen. Wir sollen die Wahrheit tun, nicht nur predigen.

Schwierigkeiten sind der Boden, auf dem Gott sich offenbaren kann.

*

Vertraut auf ihn in allen Dingen, und ihr werdet nie enttäuscht werden! Welch ein Leben voll Lob und Freude und Friede würden wir alle führen, wenn wir nur völlig an Gottes Weisheit und Liebe glaubten und, zufrieden mit seinem Willen, jede Sorge vertrauensvoll auf ihn würfen!

Jesus kennt die Herzenseinsamkeit des Unverstandenseins in den höchsten Zielen. Nicht ein Schmerz ist ihm erspart geblieben. Alles ist Gemeinschaft seiner Leiden. Bringt das nicht Licht in jede Dunkelheit und nimmt der bittersten Demütigung ihren Stachel? Es bringt dich in immer tiefere Gemeinschaft mit ihm. Er teilt mit dir noch etwas Tieferes als seine Freude und Herrlichkeit, er läßt dich teilnehmen an all dem Jammer, den er um die Menschheit trug.

Es wird viel mehr durch Leiden erreicht, als wir heute sehen können. Alle natürliche und geistliche Fruchtbarkeit scheint hierdurch bedingt zu sein.

*

Schweres Leiden bedeutet tiefere Segnung. Unsre Arbeit wird durch Prüfungen nicht gehindert, sondern vertieft und erweitert.

*

Gott macht keine Fehler.

Jede Entsagung, die wir um der Sache des Herrn willen auf uns nehmen, bringt reichen Gewinn.

*

An seine Frau:

Weil dir der Herr Jesus mehr wert ist als dein Mann und sein Werk mehr als ein ruhiges Leben hier, darum wird er unsre Kinder segnen, dich und mich und unsre Arbeit.

Es gibt nur e i n s, was uns im Leben wichtig sein sollte, das ist Gott!

*

Das einzige, was wir nötig haben, ist, daß unsre Verbindung mit dem Herrn, unser Einssein mit ihm immer lebendigere Wirklichkeit wird. Fast alle Schwierigkeiten wären vermieden oder leichter überwunden worden, wenn wir das mehr im Herzen hätten.

Ich bitte dringend, niemals jemand um Geld zu bitten, außer Gott im Gebet. Wenn unsre Arbeit zum Bettler wird, stirbt sie.

*

Geld unrichtig angewendet, Geld aus unlauteren Absichten gegeben – beides ist zu fürchten. Wir können es ertragen, so wenig zu haben, als es der Herr für gut findet; aber wir können kein ungeheiligtes Geld brauchen. Viel besser ist es, kein Geld zu haben, auch wenn Brot nötig ist; denn auch in China sind Raben genug, die uns mit Brot und Fleisch versorgen können. Der Herr ist immer treu.

Zeiten der Prüfungen sind immer Zeiten des Segens.

*

Wenn die Vorräte nicht hereinkommen, ist es am Platz, zu fragen: Wo fehlt's? Es kann eine nur vorübergehende Glaubensprobe sein. Wenn Glaube vorhanden ist, wird er die Probe bestehen; ist das nicht der Fall, so dürfen wir uns nicht selbst betrügen. Es ist sehr leicht, sich einzubilden, man habe Glauben, wenn Geld in der Tasche und Vorräte im Schrank vorhanden sind.

Die meisten Menschen haben mehr Ermutigung nötig als Strafreden.

*

Was ist Seelsorge? Seelsorge ist, wenn du es verstehst, durch Gebet, durch Geistesmacht, mit Takt, Liebe, Nachsicht und Geduld mein Gewissen zu wecken, und so mich dahin bringst, daß ich mich gern von meinem falschen Weg zu dem richtigen wende, wenn ich Unrecht getan habe.

Als wir vor vielen Jahren den göttlichen Auftrag erhielten, vorwärtszugehen im Werke des Herrn, vertrauten wir auf das Wort: Trachtet am ersten nach dem Reich Gottes und nach seiner Gerechtigkeit, so wird euch solches alles zufallen. Und auch heute noch stützen wir uns auf diese Verheißung und werden nicht enttäuscht. Wir veröffentlichen die Namen der Geber nicht, wir kollektieren nicht, wir haben keine Kapitalien, wir machen keine Schulden; unser Pfad ist immer noch ein Wandeln auf dem Wasser wie am Anfang. Haben wir nicht viel Ursache, Gott zu loben?

Ein Missionar, dessen inneres Leben auf einer niedrigen Stufe steht, macht selbst das Wort vom Kreuz wirkungslos.

*

Die Männer und Frauen, die wir brauchen, sind die, denen Jesus, China, Menschenseelen immer und überall in erster Linie stehen. Das eigene Leben, ja sogar diejenigen, die uns teurer sind als das eigene Leben, kommen erst in zweiter Linie. Von solchen Männern und Frauen könnt ihr uns nie zu viele schicken. Ihr Wert ist köstlicher als Edelsteine.

Es nützt nichts, in Gefahr angstvoll und aufgeregt zu sein; das macht zu allem unfähig. Man muß seine Last auf den Herrn abwälzen.

*

Sind wir immer dankbar für die Schwierigkeiten? Sehen wir in ihnen Berechtigungen, Gottes Macht und Hilfe anzurufen?

*

Die dunkelste Stunde ist dicht vor Tagesanbruch.

Gottes Liebe hat uns bisher erhalten und gesegnet; sie ist unwandelbar, weil er unwandelbar ist. Wir wissen nicht, was die Zukunft bringen wird; aber wir kennen den, der derselbe ist gestern, heute und in Ewigkeit. Wir legen unsre Hand aufs neue in die seine und bitten: Führe du uns!

*

Gott ist ein sehr, sehr guter Vater. Er vergißt seine Kinder nie.

Gott ist handelnde Liebe.

*

Welche Mühe gibt sich der Herr, uns zu zeigen, daß er ohne uns fertig werden kann!

*

Unsre Fehler bringen uns nicht so sehr ins Verderben wie unser Widerstreben, sie zu verbessern, wenn wir sie entdeckt haben.

*

Fürchtet Gottes Erziehung nicht!

Jesus ist uns viel näher, als wir denken. Er enttäuscht nie.

*

Lest immer wieder 1. Korinther 1, 18 und achtet auf die Verbindung zwischen Kreuz und Kraft!

*

Nur am Fuß des Kreuzes sehen wir uns selbst, die Welt und Gott im rechten Licht.

*

Jesu Liebe gewinnen wir, indem wir ihr vertrauen.

Die Welt ist ein harter Zuchtmeister. Sünde, auch wenn sie vergeben ist, wird nie ungeschehen gemacht. Die Sünde Davids wurde vergeben; aber der Prophet, der mit der Botschaft der Vergebung zu ihm kam, wurde auch beauftragt, ihm zu sagen, daß das Schwert in Ewigkeit nicht von seinem Haus lassen werde. Jede vollbrachte Sünde ist eine Saat und dauert fort in ihren Folgen; und mag sie noch so verborgen sein, der Heiland lehrt, daß sie offenbar werden soll.

Die Ruhe Kanaans soll uns jetzt erfreuen, und unter unserm siegreichen Josua sollte jeder Kampf in Sieg enden, jeder Feind sollte vertrieben und niedergerungen werden. Wir haben »sollte« gesagt, denn wenn Achan Gott beraubt, folgt die Niederlage; und wenn, anstatt die Kanaaniter zu schlagen, wir einen Waffenstillstand mit ihnen abschließen, werden wir zuletzt hinausgetrieben.

Der unsichtbare Lenker erreicht seine Ziele oft auf andern Wegen und durch andre Mittel, als wir voraussehen können.

*

Man ist immer gesichert, wenn man im Gehorsam gegen Gott handelt, welche Gefahren auch scheinbar damit verbunden sein mögen.

*

Wenn wir dem Herrn gehorchen, liegt die Verantwortung auf ihm, nicht auf uns.

Ich sehe Gott, den lebendigen Gott, und ich liebe ihn desto mehr bei aller Not.

*

Leute, die ihre eigene Bequemlichkeit lieben, können wir hier draußen nicht gebrauchen. Leute, die das Kreuz lieben, sind nötig. Aber wo sind sie zu finden, ach, wo?

*

Zu jeder Zeit der Fruchtbarkeit und des Segens gehört eine solche der Prüfungen.

Der Weg des Sünders gefällt dem wahrhaft Gläubigen ebensowenig als der Weg des Gläubigen dem Sünder. Als ein Zeuge des Meisters mag er zu ihnen gehen in der Hoffnung, sie zu retten; aber er wird nicht wie Lot seine Hütte gen Sodom setzen.

*

Satan läßt die nicht unversucht,
die seine Festungen angreifen.

Es ist das Vorrecht der Kinder Gottes, die Hand des Herrn in allen Verhältnissen zu sehen und ihm zu dienen in ihrem Beruf und in allen ihren Pflichten. Wer in allen Dingen sich als Diener Gottes betrachtet, darf auch auf die Fülle Gottes rechnen, wenn Hilfe not sein wird.

*

Mir ist es das Wichtigste, Gottes Willen zu tun, ihm wohlzugefallen, koste es, was es wolle.

Ist unser Pfad dunkel – er ist unsre Sonne. Sind wir in Gefahr, er ist unser Schild. Vertrauen wir ihm, so werden wir nicht zuschanden. Versagt unser Glaube, er versagt nie; glauben wir nicht, so bleibt er doch treu (2. Tim. 2, 13).

*

Wenn sein Wille und Weg uns genügt, haben wir Ruhe. Mit Gottes Willen und Weg zufrieden sein, ist Ruhe.

Das zu lernen, was Gott uns durch die Not lehren will, ist wichtiger, als aus ihr herauszukommen.

*

Die ihren Gott kennen, versuchen nicht, Heldentaten auszuführen, sondern sie tun sie. Wir werden die Bibel nach einem Gebot, etwas zu versuchen, vergebens durchforschen. Gottes Gebot heißt immer: Tu das! Ist das Gebot von Gott, so haben wir keine andre Wahl, als zu gehorchen.

Zuzeiten ist die Lebensführung von sehr kleinen Dingen abhängig.

*

Es ist ein Beweis von der Treue unsers Gottes, daß er für die, welche ihm vertrauen, immer einen Ausweg weiß und daß keine Prüfung größer ist, als sie ertragen werden kann.

*

Wir wissen, daß er uns manche Quelle der Freude entzieht; wir wissen aber auch, daß er sich durch die Wegnahme herrlicher offenbart als je zuvor.

Der, der für uns ist, ist größer als alle, die gegen uns sein könnten.

*

Ein Diener des Herrn muß sich führen lassen nach der Leitung des göttlichen Willens; er darf nicht mit der Hilfe von Menschen rechnen, um seine Pläne durchzusetzen, sondern sich nur auf die sichere Hilfe und Leitung Gottes verlassen.

*

Wenn nicht Gottes Geist uns täglich neue Zuflüsse spendet, wird der Einfluß der heidnischen Umgebung uns abwärtsziehen.

Gott erweist unsrer Mission große Ehre, wenn er ihr Schweres auferlegt.

*

Laßt uns alle Lasten, wie zahlreich und schwer sie auch sind, auf unsern allmächtigen, allweisen, liebenden Vater werfen! Sie sind für ihn nur Federn.

*

Es kann keine Not geben, der Gott nicht begegnen könnte.

Gottes Werk nach Gottes Willen getan, läßt niemals Gottes Hilfe vermissen.

*

Wenn jeder Arbeiter im Reich Gottes sich dessen bewußt ist, daß er ein Tempel Gottes, ein Werkzeug in der Hand des Allmächtigen ist, von ihm regiert und gebraucht, dann liegt kein Grund zur Mutlosigkeit vor. Vor ihm wird der harte, trockene Felsen zu einem Wassersee und die Steine zu Wasserbrunnen.

*

Wenn wir nur geringen Erfolg haben, liegt es oft daran, daß wir selbst nur halb erlöst sind.

Erfülle im Glauben die Bedingungen des 1. Psalms, und alles, was du tust, wird wohlgeraten. Du wirst gesegnet sein in jedem häuslichen, in jedem geschäftlichen wie in jedem geistlichen Dienst.

*

Laßt uns bemüht sein, Gott vor Augen zu haben, daß wir in seinen Wegen wandeln, daß wir in allem trachten, ihn zu erfreuen und in allem ihn zu verherrlichen.

Wenn wir nicht in ihm bleiben, so werden wir nicht nur weniger oder geringere Frucht bringen, nein, ohne ihn können wir gar nichts tun. Entweder »bleiben in ihm« und Fruchtbarkeit, ohne dies aber keine Frucht.

*

Es besteht ein großer Unterschied zwischen Frucht und Werken. Werke sind der Erfolg einer Anstrengung, Frucht geht aus dem Leben hervor. Ein böser Mensch kann ein gutes Werk vollbringen, aber ein fauler Baum kann nie gute Frucht bringen.

Paulus wurde nicht von sondern in seiner Schwachheit erlöst.

*

Es gibt nur einen Weg, um nicht unter der Last der Pflichten zusammenzubrechen: daß man alles sofort vor den Meister bringt. Er hilft, er versteht uns immer.

*

Keine Zeit paßt wie der frühe Morgen zum Verkehr mit dem Herrn; man muß die Harfe für die Musik des Tages stimmen.

Wenn Gottes Geist mächtig wirkt, so können wir sicher sein, daß auch der Geist des Abgrunds am Werke ist.

*

Gott gibt seinen Heiligen Geist nicht denen, die sich danach sehnen, die von ihm erfüllt sein möchten, – er gibt seinen Heiligen Geist denen, die ihm gehorchen.

*

Wenn Satan auf einem Wege gegen uns zieht, wird er auf sieben fliehen müssen.

»Geben ist seliger als Nehmen.« Wenn wir nur Geber sein wollen, so wird Gott uns Samen zu säen und Brot zu essen geben, und wir werden in allen Dingen volle Genüge haben und reich sein zu allerlei guten Werken.

*

Geweihtes Geld ist darin den geweihten Broten und Fischen ähnlich, daß es nicht aufgebraucht wird.

*

Wir müssen dessen eingedenk sein, daß wir Haushalter sind und von allem, was wir verwalten, Rechenschaft ablegen sollen.

Werdet Geber! Es ist gleich, ob ihr fünf Brote habt oder fünfhundert! Die große Anzahl würde ohne den Segen Gottes ebensowenig ausreichen wie die kleinere.

*

Es gibt keine Geldfrage für diejenigen, die dem Meister folgen und tun, was er sie tun heißt.

*

Sehr oft werden die größten Taten von solchen getan, die ausrufen: »Silber und Gold habe ich nicht; was ich aber habe, das gebe ich dir: Im Namen Jesu Christi von Nazareth stehe auf und wandle!«

»Daß ich Christus gewinne.« Wie gewinnen wir Christus? Indem wir das zu seinem Dienst hergeben, was wir natürlicherweise am meisten schätzen, und auch indem wir von Herzen einwilligen in jeden Verlust und in jedes Kreuz, das seine Vaterliebe uns auferlegt.

*

Den Jüngern gleichen wir: Sie waren langsam im Verstehen, hatten wenig Glauben, waren leicht entmutigt, aber sie blieben bei ihm, im Umgang mit ihm. Er aber will auch heute noch durch uns wirken.

Unser himmlischer Vater nimmt uns nie etwas fort, um uns arm zu machen.

*

Erwarte nicht, deinen Weg immer offen zu sehen, wenn du im Glauben wandeln willst. Die Israeliten in der Wüste wurden von Gott geführt. Sie wußten nicht, wann die Wolke sich erheben und das Zeichen zum Aufbruch geben werde. Wenn die Wolke sich erhob, wußten sie nicht, wohin oder wie weit sie gehen werde. So ist es mit uns.

Wenn wir die Menschen nicht zurechtschelten können, können wir sie oft zurechtlieben.

*

Besiegt alles, was unerträglich wäre, durch Liebe! Unser Beruf in Christus Jesus ist, ein göttliches Leben zu führen, Tag für Tag Überwinder zu sein.

*

Wir Menschen können nicht viel tun; aber wir können etwas tun, und dann tut Gott das übrige.

Es gibt keinen Dienst, der so großen Gewinn bringt wie der Dienst unsers himmlischen Meisters; es gibt keinen, der so königlich belohnt wird.

*

Der größte Dienst verlangt das größte Opfer; aber er empfängt den größten Segen.

*

Der Herr bleibt niemandes Schuldner.

Viele versuchen nie, ihm mit völliger Hingabe zu gehorchen und zu vertrauen; sie leben und handeln, als ob sie ihr eigen wären, als ob sie die Freiheit hätten, sich selber zu gefallen und Gott so viel oder so wenig zu dienen, als ihnen gut dünkt, Gott so wenig oder so viel von ihrer Zeit, ihrer Kraft, ihrem Eigentum zu geben, als ihnen selbst angenehm ist.

*

Wir sind unfähig, all das, was er uns geschenkt hat, zu empfangen, wenn noch Eigenleben unser Herz und Leben erfüllt.

Wir müssen uns Zeit zur Heiligung nehmen. Es kommt nicht so sehr darauf an, wieviel wir in der Bibel lesen, als was wir zur Vertiefung darin finden, in welchem Maß sie uns zur Nahrung dient. Auf der andern Seite darf unser Bibellesen nicht zu knapp bemessen sein. Das ganze Osterlamm mußte gegessen werden, so ist das ganze Wort Gottes nützlich und notwendig, »daß der Mensch Gottes sei vollkommen, zu jedem guten Werk geschickt.«

*

Jeden Morgen schöpfe ich neu aus Gottes Wort und gebe dann die Botschaft weiter.

Wir gingen in unsrer Arbeit draußen vorwärts in der Gewißheit, daß uns auf dem Wege Licht und Führung zuteil werden würde, und wir wurden nie enttäuscht.

*

Der Glaube ist die einzige Macht, Berge zu versetzen, Schwierigkeiten zu besiegen, das Unmögliche möglich zu machen.

*

Satan ist mächtig, aber Gott ist allmächtig.

Ein Nachlassen in der Fürbitte öffnet dem Feind die Tore.

*

Das Schwierigste im Leben eines Missionars ist das Festhalten an einem regelmäßigen, von Gebet begleiteten Bibelstudium. Satan findet immer irgend etwas andres, was wichtiger zu tun wäre – und sei es die nichtigste Sache von der Welt.

*

Satan kann unsre Arbeit nicht geschehen lassen, ohne seinen Widerstand zu zeigen.

Auf jedes Wort, das Gott je gesprochen oder durch den Heiligen Geist hat schreiben lassen, dürfen wir bauen.

*

Wer an Gottes Treue festhält, wird nicht tollkühn und leichtsinnig handeln, aber zu jeder von ihm geforderten Tat bereit sein. Er wird es immer wagen, ihm zu gehorchen, wie unklug das auch erscheinen möchte.

Ich denke manchmal, daß Gott sich nach jemandem umgesehen hat, der in sich recht klein und schwach wäre, um ihn zu gebrauchen, damit ihm die ganze Ehre zukomme – und da fand er mich.

*

Wir müssen größer denken lernen und größer beten, wenn wir Gottes würdig wandeln und den Kampf mit der furchtbaren Not der Welt wirklich aufnehmen wollen.

Gott ist bereit, uns alles zu geben, aber er will gebeten sein.

*

»Geben ist seliger als Nehmen.« Jesus begnügte sich nicht damit, diese Wahrheit auszusprechen; er verwirklichte sie in seinem Leben und in seinem Tod. Er entleerte sich, daß wir gefüllt werden; er gab sich selbst für uns. O daß unsre Herzen dies begreifen und ausleben möchten!

Wenn Schwierigkeiten kommen, sollte Gott nicht unsre letzte Zuflucht sein; nein, zu ihm müssen wir uns zuerst hinwenden in unsern Nöten, ob sie groß oder klein sein mögen.

*

Das völlige Vertrauen auf Gott ist Seligkeit; er stellt oft auf die Probe, läßt aber nie im Stich.

Sollten wir ihm nicht willig weihen alles, was wir sind und haben, jedes Glied am Leib, jede Faser unsers Seins, jede Fähigkeit unsers Gemüts, unsern Willen und alle unsre Liebe?

*

Ich weiß nicht mehr, was Sorgen ist, seit der Herr mich gelehrt hat, daß die Sache sein ist. Meine Aufgabe besteht darin, Gott zu gefallen. Wenn ich mit ihm in seinem Lichte wandle, spüre ich keine Last.

Ich denke gern an den, der drei Millionen Israeliten abends zu Bett gehen ließ, ohne daß sie eine Brosame im Lager hatten für die Mahlzeit am kommenden Morgen, und daß sie nie aufstanden, ohne ein Frühstück zum Einsammeln bereit zu finden.

*

Gott ist bereit, uns alles zu geben,
was wir nötig haben, wenn
wir es nötig haben.

*

Als die Jünger vor der Speisung der Viertausend ihm alles, was sie hatten, zur Verfügung stellten, da griff er ein.

Manchmal kann Gott sein Werk besser ohne uns als mit uns fortführen.

*

Die Gottlosen haben oft viel weltliche Weisheit; aber das Kind Gottes muß ihren Ratschlägen gegenüber auf der Hut sein. Das Wort Gottes wird es weiser machen als alle solche Ratgeber.

*

Gott ist mit uns, wenn wir nur demütig mit ihm gehen.

Wenn wir ihm vertrauen, können wir jeder Schwierigkeit und jeder Gefahr ruhig begegnen; wir wissen, daß uns der Sieg doch beschieden wird.

*

Alle Helden Gottes sind schwache Menschen gewesen; sie taten Großes für Gott, weil sie daran festhielten, daß er mit ihnen war.

Echtes Gebet erfordert Kraft.

*

Nur solche Gebete werden erhört, die in Übereinstimmung mit dem geoffenbarten Willen Gottes sind.

*

Man erfährt den Herrn in besonderer Weise, wenn man viel allein ist.

Ein großer Tag kommt! Die Stimme großer Scharen, als eine Stimme großer Wasser und als eine Stimme großer Donner, wird man sagen hören: Halleluja! denn der allmächtige Gott hat das Reich eingenommen. Lasset uns fröhlich sein und ihm die Ehre geben! denn die Hochzeit des Lammes ist gekommen, und sein Weib hat sich bereitet.

Dann wird sein das große Erntefest, und die unzählbare Schar, gesammelt aus allen Nationen und Geschlechtern, aus allerlei Zunge und Volk und Heiden, alle mit weißen Kleidern angetan und mit Palmen in den Händen, alle werden rufen mit lauter Stimme: Heil sei dem, der auf dem Stuhl sitzt, unserm Gott und dem Lamm!